AF454229

Lb 41/2025

LE SONGE
DU 23 FRUCTIDOR,

Sens véritable des décrets des 5 et 10 fructidor.

FATIGUÉ de travail, succombant à la lassitude, je me couche, je m'endors. Mais tandis que mon corps repose, mon esprit frappé de la majesté des fonctions auxquelles le peuple français se livre, depuis le 20 de ce mois, ne peut prendre de repos, il est sans cesse occupé de ce grand objet ; et le fils de la nuit lui trace le tableau du jour sur la toile des songes, en y ajoutant de ses desseins mensongers. Voici l'esquisse de mon songe du 23 fructidor.

L'assemblée primaire exerçoit, avec calme, les augustes fonctions de la souveraineté ; les

A

loix imprudentes d'une rigueur autant impoli-
tique qu'inexécutable, n'effrayent pas sa toute
puissance ; elle suit sa marche toujours uni-
forme ; elle procède au scrutin de ses électeurs,
et je suis nommé.

Effrayé de l'importance des devoirs que
m'impose la confiance de mes concitoyens, je
me prosterne devant l'éternel, pour implorer
des lumières, dont j'ai tant besoin, et je me
vois transporté sous un chêne antique, près
d'un vieillard : son costume propre, mais très-
simple, m'indique qu'il est d'Athènes : la séré-
nité étoit sur son front, le sourire sur ses
lèvres, une vivacité piquante dans ses yeux ;
il avoit en main une coupe qu'il me présenta.
» J'ai tout bu, me dit-il, cela ne m'a fait aucun
mal ; au contraire, j'ai eu le bonheur de me
trouver au terme de mon voyage : j'ai quitté
la vallée des misères et de l'incertitude, pour
retourner là d'où j'étois venu ; je suis là où l'on
ne craint plus la méchanceté, la perfidie, la
férocité des hommes ; là où l'on n'éprouve
ni peines, ni douleurs ; là où le mensonge et
la calomnie ne peuvent pas pénétrer. Je fus l'ami
des hommes, de la vérité, de la liberté ; tu es
l'ami de la liberté, de la vérité et de l'humanité:

cette conformité de sentimens est une aimant qui m'attire à toi ; je t'offre mes conseils ; ils furent jadis utiles plus d'une fois au peuple et aux habitans d'Athènes. Ils ne te seront pas inutiles ; le flambeau de l'expérience m'a éclairé, et mon démon ne me quitte pas. Je sçais que, nommé électeur, tu as reçu de tes concitoyens le témoignage flatteur de leur confiance ; c'est de toi maintenant, et de tes collègues que dépend le choix sage des hommes probes entre les mains desquels on doit mettre le gouvernail du vaisseau de la révolution. De ce choix dépend le bonheur ou le malheur de la France : car, si vous faites un méchant choix, vous serez plus malheureux que vous ne l'avez jamais été. Rappelles-toi, la grande vérité qui a mis en fureur contre moi Critias, et les trente tyrans ses collègues, qui, chaque jour faisoient mourir ce qu'Athènes avoit de plus recommandable en vertus, en talens, en mérite ; *Peut-on confier la garde du troupeau à un mauvais pasteur ? Non sans doute. Celui auquel on a confié la garde et le soin du troupeau gras et nombreux, qui le rend maigre et réduit à moitié, n'est-il pas un mauvais pasteur ?* Oui certainement. *Donc, on ne doit pas confier de nouveau ce troupeau, à ce mauvais pasteur.* Mais si c'est le loup qui a mangé la brebis.... *Mais ne lui a-t-on pas aussi donné une houlette surmontée d'une pique, et des chiens, pour qu'il pût garantir le troupeau de la dent du loup ? Et ne devoit-il pas se jetter sur le loup et l'étrangler ? Il l'a fait. Quand l'a-t-il fait ? Alors que le loup avoit dévoré la moitié du parcage. Quoi ! il a pu étrangler le loup, au moment qu'engraissé du sang du troupeau, il avoit quadruplé ses forces ; et il n'a pas osé l'attaquer, alors que maigre et décharné, il étoit foible ! Et si ce pasteur infidèle a laissé dévorer les brebis pour profiter de leur laine, ne sera-t-il pas pire qu'un mauvais pasteur ?* »

Oui, je le vois, il ne faut pas penser à conserver les deux tiers des représentans actuels. Il faut rejetter les décrets des 5 et 13 fructidor. *Pourquoi les rejetter ? Comprends bien le sens de ces décrets ; loin de les trouver ridicules, tu les trouveras d'une grande sagesse. Vois ce sac : il y a* 1200 *pièces qui valent* 1200 *drachmes* (1).

Il y avoit dans le sac.

40 pièces d'or (2) de 20 *drachmes* ci... 800

---

(1) Monnoie d'Athènes qui valoit 6 oboles.
(2) C'étoit la plus forte pièce d'or d'Athènes.

40 pièces d'argent dites *tétradrachmes*
(3) ci 160
  30 pièces d'argent dites *didrachmes* (4) ci. 60
  70 pièces d'un *drachme* ci 70
300 pièces de cuivre d'une *obole* ci . . . 50
720 pièces de cuivre d'une *demi-obole* ci. 60

1200   1200

  » On veut que vous preniez les deux tiers de ce qui est dans le sac ; n'est - ce pas dire que vous devez prendre les deux tiers de 1200 drachmes, et non les deux tiers de 1200 pièces : sans quoi vous pourriez fort bien, n'avoir que 74 drachmes aulieu de 800, si vous choisissez la monnoie de cuivre. Ainsi vous ne vous surchargerez pas d'un poids embarassant en prenant les pièces de cuivre ; et, puisque vous avez le choix, vous préférerez l'or au métal vile ; vous prendrez donc 40 pièces d'or qui valent les 800 drachmes. Voilà le sens des décrets des 5 et 13 fructidor. »

  « *Choisis de même parmi les représentans actuels* ;

---

(3) Pièce d'argent valant 4 drachmes.
(4) Pièce d'argent valant 2 drachmes.

prends les deux tiers non du nombre, mais de la valeur. Un des grands hommes de ton pays (1) *disoit avec raison, qu'il falloit peser les suffrages, et non les compter. Je te quitte et te laisse mon démon pour guide.* » A ces mots Socrate s'éleva dans le ciel en laissant tomber sa coupe. Je la ramassai et m'écriai : Dussai-je aussi boire la cigue ; je ne trahirai pas la confiance de mes commettans, et cependant je ne rejetterai pas les décrets des 5 et 13 fructidor.

Mais l'embarras du choix devenoit difficile ; je me recueillis , je méditai , et le démon du sage d'Athènes , m'inspira de rejetter tous ces imbécilles qui , cédant à l'impulsion de certains académiciens qui se croient de grands hommes d'état, parce qu'ils sont esclaves serviles de la science, amateurs d'innovations qui ont ridiculement changés nos poids et mesures pour nous en substituer de plus scientifiques ; comme si le peuple français étoit un peuple d'académiciens. (Je crois en effet qu'il n'y a pas de plus grand vice en administration qu'une loi inexécutable, si ce n'est une loi inexé-

---

(1) Montesquieu.

cutée. Or une loi est inexécutable non seulement
en droit, mais par le fait ; elle est surtout inexécutable, lorsqu'elle entrave trop violemment l'habitude : il faut respecter cette habitude, lorsqu'elle
n'a pas de dangers vraiment imminens : il faut
respecter cette habitude, dans toutes les relations
commerciales, et surtout dans les relations avec
l'étranger : On peut forcer à la rigueur le peuple
à étudier la doctrine décimale, telle que l'ont in-
troduite nos orgueilleux petits faiseurs ; mais
on n'a aucun droit de forcer l'étranger à cette
étude, et à l'usage de vos mesures nouvelles :
qu'en résulte-t-il ? qu'on nous force à un double
travail , à celui des mesures étrangères , et à
celui des notres ; ainsi c'est rendre les opérations
de notre commerce plus fatigantes que celles de
l'étranger qui négocie avec nous ; qu'en est - il
résulté ? c'est que l'on pas pu réussir à faire éxe-
cuter les lois rendues sur cette matière. Vend-on la
terre à *l'are* ou à l'arpent ? Vend-on le bœur
au *grave* ou à la livre ? L'or et l'argent au
grave , gravet , déci-gravet , centi-gravet , etc. ,
ou au marc, à l'once ? Vend-on le vin au *cadil*
ou à la pinte ? Vend-on le bled au *cade* ou au
boisseau ? Sçait-on, dans les foires et les marchés,
ce que c'est qu'un *décime* , qu'un *centime* ? A-t-on

oublié ce que c'est qu'un liard, un sou ? Or,
une loi inexécutée depuis tant de temps, depuis plus de deux années, doit être considérée
comme une loi moralement ou politiquement
inexecutable, et prouve l'ineptie du législateur.)
Je dois donc être sévère, pour le choix de nos
législateurs : plus de ces législateurs à cul levé,
il en faut de plus décents ; il faut qu'ils opinent
de la tête et non de cette partie de leur corps,
qu'il n'est pas honnête de nommer.........
Tout-à-coup je me vois transporté dans
une salle remplie de citoyens qui venoient
voir le spectacle que donnoit le célèbre
Séraphin, le coriphée des ombres chinoises, et
je vis le magicien, criant à tue-tête : Viens,
Cambon ; disparois : venez, successeurs de *Cam-*
bon, brrrutes. Je commande des chenilles : disparois : et puis je commande une sentinelle ;
disparois : et les *petits vautours de la montagne* ;
brrrutes ; et les lièvres de la plaine, voyez comme
ils ont peur ; disparois. Voilà un caméléon, il dit
qu'il veut répandre son sang pour la paix et la
concorde ; il le dit ! disparois. Voilà un divorce ;
disparois ; et il fit disparoître ainsi un nombre
infini de législateurs connus et inconnus, de
ces législateurs qui ne se connoissoient pas

même de nom et à peine de figure. Ce spectacle trop long, commençoit à me fatiguer ; il finit, et je me vis dans un temple, dédié à la reconnoissance. Là, les bons français embrassoient les Lanjuinais, les Boissy, les Saladin, les Larivière, les Bresson, etc. etc. etc. etc. etc, que l'oracle de Delphes avoit désignés pou mettre le sceau à la révolution ; je vis élever leur statue dans ce temple, puis on les conduisit dans celui de la tenue des séances du corps législatif, et je m'éveillai.

J'obéis à l'ordre que je crois avoir reçu en songe je le mets par écrit.

O vous, qui que vous soyez, qui lirez ceci ne perdez pas de vue que c'est un songe ; si vous lui trouvez quelque ressemblance avec quelqu'original existant, croyez que l'original est lui-même un croquis imparfait, dessiné par le dieu des songes ; que semblable aux vapeurs de ces songes, il doit changer de forme, et se perdre dans l'imménsisé de l'oubli.

IL NE S'AGIT PAS DE FAIRE BANQUEROUTE.

MOTION,

AUX ASSEMBLÉES PRIMAIRES.

Il est tems enfin d'arrêter, dans sa course rapide, cette banqueroute affreuse qui se fait chaque jour, à chaque instant du jour, de la manière la plus infâme, la plus allarmante. Abîme affreux dans lequel nous a précipité la malveillance des meneurs de la Convention, secondée par l'ignorance de ses faiseurs et par l'imbécile et coupable confiance de ses voteurs insoucians ! Abîme affreux ! Quand je te considère, j'admire la stupide patience de tout un peuple qui n'a cessé depuis 1789 d'être la dupe des promesses, des paroles et des mensonges dégoûtans de ses perfides commettans. On s'écrioit à la tribune : *point de banqueroute ; ne prononçons jamais ce mot infâme ; la dette de la nation est sous la garantie de la loyauté française.* Les assignats ne sont-ils pas également une dette de la nation ? Ils doivent être sous la garantie de la loyauté française. Cependant les représentans de la nation, ces dépositaires de notre volonté, de notre puissance, de notre autorité, de notre bonheur , de notre loyauté, voient et tolèrent l'agiotage le plus affreux, qui avilit l'assignat ; eux-mêmes n'ont-ils pas décrété une échelle de la valeur réelle de l'assignat et de sa valeur nominale ? N'est-ce pas avilir l'assignat ? Leurs pro-consuls ne l'avilissent-ils pas par la prodigalité la plus criminelle (1) ? Il ne s'agit plus de faire banqueroute, car la banqueroute est faite ; n'est-ce pas en effet être en banqueroute, que de faire perdre quatre-vingt-dix-huit à quatre-vingt-dix-neuf pour cent à son créancier ? Consultez les cours de change, et vous verrez que c'est là véritablement le taux de la valeur de vos effets de commerce , de votre papier sacré, de ces assignats dont vous aviez garanti la valeur.

Banqueroutiers infâmes, ce sont vos dilapidations, ce sont vos clandestines et criminelles émissions d'assignats qui nous ont ruinés, et qui

____

(1) Un député ne proclame-t-il pas l'avilissement des assignats, quand il paye 500 une faveur de prostituée ? quand il achète 10,000 liv., une nuit de débauche ? quand il donne , 6, 8 et 10,000 l. pour un repas ? Où puise-t-on l'argent de ces dépenses ? Quelle dilapidation monstreuse ! La confusion des pouvoirs entraîne toujours à sa suite l'abus du pouvoir.

nous garantira que vos coffres individuels n'en sont pas pleins ? Osez rendre compte.

Peuple, il est tems d'apporter remède au mal affreux sous lequel tu gémis ; mais songes que si l'action du remède doit produire des douleurs, elles doivent respecter cette classe du peuple qui n'est pas coupable du discrédit ; la douleur doit se faire sentir à ceux qui ont provoqué la banqueroute, à ceux qui l'ont faite ou qui ont contribué à la faire, à ceux qui l'ont tolérée, à ceux enfin qui en ont profité, c'est-à-dire à tous ceux qui regorgent d'assignats, et qui au lieu de les employer à leur destination, à l'acquisition des biens nationaux, ne s'en sont servis que pour élever le prix des denrées, afin d'affamer le peuple ; que pour relever le prix des marchandises, afin de les concentrer dans le repaire des vampires de l'agiot. On ne sera pas attristé de voir se plaindre des voleurs, des affameurs et des agioteurs, qui jadis sous les haillons de la misère, ou sous les habits de la paresse (la deshonorante livrée) achettent aujourd'hui les maisons aux portes desquelles ils demandoient l'aumône, ou les meubles dont la propreté étoit confiée à leurs soins. Le lit du maître est devenu le lit du valet, et le maître est sur un grabat,

Nous sommes dans l'état le plus douloureux,
le plus effrayant ; le rentier, le pensionnaire,
le salarié, sont réduits à la plus excessive misère ; demain, ce soir peut-être, ils vont mourir de faim, et de rage. Ils ont vendu leur der-
nière chemise. Aux grands maux, les grands
remèdes.

Il est démontré que la principale cause du discrédit des assignats existe dans l'énormissime
profusion qu'on en a faite, et dans les opérations
désastreuses de l'agiotage. Or, au mal qui nous
tourmente point d'autre remède que son contraire ; il y a trop d'assignats, il faut enlever ce
trop : il y a des agioteurs, il faut les attaquer
au vif.

Les besoins du commerce et du gouverne-
ment se bornent à deux milliards au plus de papier monnoie. Il faut enlever au surplus de nos
assignats la prérogative monétaire. Qu'on ne
dise pas que cette mesure est contre les principes,
qu'elle est déloyale, qu'elle est vexatoire. Je ré-
ponds 1o. Que la destination primitive des assignats étoit pour l'acquisition des biens nationaux. Lisez, lisez ces papiers, et vous y verrez
qu'ils sont *hypothéqués sur les domaines nationaux,*

ce sont donc des cédules hypothéquaires. Or en vous abandonnant le bien hypothéqué, de quoi pouvez-vous vous plaindre ?

2°. Il est dans la sévérité des principes, que le débiteur peut se libérer quand il le veut, qu'il peut se libérer par l'abandon de ses biens ; or quand la valeur des biens qu'il abandonne excède sa dette, quoi de plus légitime, de plus honnête, de plus loyal ? De quoi le créancier peut-il se plaindre ?

3°. En démonétisant la majeure partie de nos assignats, on déclarera que ces cédules hypothéquaires seront exclusivement et seules admises pour l'acquisition des domaines nationaux, point de concurrence avec notre monnoie. Cette mesure détruit jusqu'à l'apparence de la vexation (1).

4°. En réduisant la masse des assignats à deux milliards, il faut conserver, de préférence, les

---

(1) Cependant je fixerois un terme à la durée de leur valeur, en déclarant que ces cédules n'auront cours que pour une année, passée laquelle, ils seront nuls. Je vois les biens nationaux vendus ; la dette de l'état acquittée d'une dépense considérable, des abus de moins ; des surveillans gardiens de moins.

assignats de petite valeur , et jusqu'à ceux de
cent livres. A ce moyen , l'on n'attaque que foi-
blement le salarié , le pensionné , le rentier et
cette classe du peuple , qui vit , soit de son
travaille manuel, soit du commerce de ces pe-
tites choses de l'usage le plus journalier et le
plus indispensable , ces personnes enfin, qui
vivent au jour le jour , du produit de leur industrie

Vous n'attaquez donc que les grandes for-
tunes ; mais quel grand mal fera-t-on à ceux
qui les détiennent ? ils auront une valeur nominale moindre ? qu'importe : ils auront une valeur réelle plus utile , plus vraie et équivalente.
Il n'y a que le nominal ou l'idéal qui disparoit ,
pour faire place au réel. En effet que valent mille
livres en assignats ? ils ne valent pas vingt-quatre
livres en numéraire. Or si par la diminution de
la masse des assignats-monnoies , par leur réduction à deux milliards , vous attirez nécessaire-
ment le pair entre l'assignat et le numéraire mé-
tallique ; si vos cédules hypothéquaires se trou-
vent réduites à une valeur moindre que leur valeur nominale; si, par exemple , le cours de votre
cédule de dix mille livres n'est que de deux cents
livres réelles, que perd l'homme riche ? rien ;

car avec ces deux cents livres, il achetera autant de marchandises qu'il en eut acheté avec ses dix mille livres assignats cédules. J'ai dit que la réduction de notre numéraire de papier à deux milliards, attireroit le pair; je pense qu'il n'y a pas un être censé qui ne soit convaincu de cette vérité, et qu'il n'est pas besoin de recourir aux exemples; les leçons de l'expérience, si récentes, sont connues de tout le monde.

Cédulons donc tous nos assignats au-dessus de cent livres, qu'ils cessent d'être monnoie.

Qu'on ne me parle pas des frais de la guerre : c'est le subside qui doit y subvenir. D'ailleurs laissons en paix nos voisins, bornons-nous à nous défendre, s'ils nous attaquent sur nos foyers. Pour cela nous n'avons pas besoin de tant d'armées, et nous rendrons à l'agriculture les bras dont elle a si grand besoin; et si la guerre est indispensable, au lieu de la faire avec deux milliards de vos assignats, vous la ferez avec cinquante millions de votre monnoie régénérée; cela reviendra au même, et vous épargnerez beaucoup de dépense, parce qu'on n'y enverra plus de proconsuls qui ont appris l'art de la guerre à la bouche, non d'un canon mais d'un four.

Si nous considérons les avantages subsé-
quens qui résulteront de cette mesure, nous
verrons que, les denrées, baissant de prix,
la main-d'œuvre, baissera de même, ainsi
que les marchandises et les métaux; alors on
verra disparoitre toutes les entraves du commerce; alors, il n'y aura plus de ces éléva-
tions subites et successives de la valeur des
marchandises; alors les agioteurs n'auront plus
pour base de leurs opérations désastreuses, la
variante entre le prix de l'or, et la valeur
idéale de l'assignat : alors on pourra fabriquer sans perte, de la petite monnoie, pour
retirer au pair et anéantir les assignats de
très-petites valeurs; qui sont si incommodes;
alors on pourra fabriquer une monnoie d'argent pour le commerce de détail et les ap-
points de grosses sommes : alors on pourra
établir cette banque nationale si utile, si indispensable qui retira de la circulation tous
les assignats de petite valeur, pour n'y laisser
qu'une monnoie de métal; qui, pour l'a-
vantage du commerce, délivrera un papier
commercial, pour des sommes de grosses valeurs, papiers auquel sera imprimé le scean
de la confiance publique, papier qui meritera

B

cette confiance et parce qu'il aura pour garantie, le métal ou la monnoie qu'on en fait ;
pour conservateur de la confiance, la surveil-
lance immédiate du peuple, et non celle des
autorités constituées, qu'on a toujours vu abu-
santes. Oui, je le soutiens, une banque nationale peut seule rétablir notre système fi-
nancier, donner du crédit au papier monnoie, donner de l'activité au commerce, favo-
riser l'agriculture et l'industrie.

Alors seulement vous songerez à un bon sys-
tême monétaire, et vous rejetterez celui intro-
duit par l'ignorance jointe à l'esprit d'innova-
tion. Alors vous ferez surveiller par des délégués
ad hoc, la fabrication et la caisse de votre papier
monnoie, et vous ne souffrirez pas que, ni le
corps législatif, ni le directoire exécutif, s'ar-
rogent d'autre droit sur cette partie, qu'une sur-
veillance commune sur les délégués que vous
aurez placés. Ces délégués nommés par les dépar-
temens (1) n'exerceront qu'un service mensuel,

____

(1) Chaque département ayant nommé un garde du
trésor public, on en prendroit 12 au sort pour exer-
cer le 1er mois ; et tous les mois, six sortans feroient
place à six rentrans également pris au sort : par le moyen

afin de ne pas laisser à la corruption le tems
d'agir ; ils se succèderont par la voie du sort,
afin de ne pas laisser d'ouverture à l'intrigue.

Je ne développe pas ces données, je me borne
à les présenter ; leur développement entraîneroit
dans trop de longueur et dans des détails qu'il
faut laisser travailler à l'amour-propre de certains
individus.

Qu'on y réfléchisse bien, et l'on sera convaincu qu'arrêter la banqueroute qui se fait, en
punir les auteurs et les complices, en dénaturant
le prix de la malveillance, ce n'est pas faire banqueroute à ces infidèles et perfides commis de
la république.

---

de cette chaine, un garde ne pourroit rentrer en exer-
cice qu'après un an révolu, et jamais tous les 12 mêmes
ne se trouveroient ensemble.

A Paris, l'an III de la République.

9 782329 055985